Zhongguo Wenhua
Zhishi Duben

中国文化知识读本

七朝古都西安

主编　金开诚

编著　于元

吉林出版集团有限责任公司

吉林文史出版社

图书在版编目（CIP）数据

七朝古都西安 / 于元编著. —— 长春：吉林出版集
团有限责任公司：吉林文史出版社，2009.12 （2023.4重印）
（中国文化知识读本）
ISBN 978-7-5463-1930-8

Ⅰ．①七… Ⅱ．①于… Ⅲ．①西安市－概况 Ⅳ.
①K924.11

中国版本图书馆CIP数据核字(2009)第236911号

七朝古都西安

QI CHAO GUDU XIAN

主编/金开诚　编著/于元

项目负责/崔博华　责任编辑/曹恒　崔博华

责任校对/刘姝君　装帧设计/曹恒

出版发行/吉林出版集团有限责任公司　吉林文史出版社

地址/长春市福祉大路5788号　邮编/130000

印刷/天津市天玺印务有限公司

版次/2009年12月第1版　印次/2023年4月第4次印刷

开本/660mm×915mm　1/16

印张/8　字数/30千

书号/ISBN 978-7-5463-1930-8

定价/34.80元

前 言

文化是一种社会现象，是人类物质文明和精神文明有机融合的产物；同时又是一种历史现象，是社会的历史沉积。当今世界，随着经济全球化进程的加快，人们也越来越重视本民族的文化。我们只有加强对本民族文化的继承和创新，才能更好地弘扬民族精神，增强民族凝聚力。历史经验告诉我们，任何一个民族要想屹立于世界民族之林，必须具有自尊、自信、自强的民族意识。文化是维系一个民族生存和发展的强大动力。一个民族的存在依赖文化，文化的解体就是一个民族的消亡。

随着我国综合国力的日益强大，广大民众对重塑民族自尊心和自豪感的愿望日益迫切。作为民族大家庭中的一员，将源远流长、博大精深的中国文化继承并传播给广大群众，特别是青年一代，是我们出版人义不容辞的责任。

本套丛书是由吉林文史出版社和吉林出版集团有限责任公司组织国内知名专家学者编写的一套旨在传播中华五千年优秀传统文化，提高全民文化修养的大型知识读本。该书在深入挖掘和整理中华优秀传统文化成果的同时，结合社会发展，注入了时代精神。书中优美生动的文字、简明通俗的语言、图文并茂的形式，把中国文化中的物态文化、制度文化、行为文化、精神文化等知识要点全面展示给读者。点点滴滴的文化知识仿佛颗颗繁星，组成了灿烂辉煌的中国文化的天穹。

希望本书能为弘扬中华五千年优秀传统文化、增强各民族团结、构建社会主义和谐社会尽一份绵薄之力，也坚信我们的中华民族一定能够早日实现伟大复兴！

目录

一、谈古说今话西安

西安的文物古迹遍布地上地下，丰富多彩，系统而完整，被誉为"天然历史博物馆"。

西安辖碑林、新城、莲湖、未央、雁塔、灞桥、阎良、临潼、长安、蓝田、高陵、周至、户县，幅员辽阔，是我国西北重镇。

西安历史悠久，据考古发现，远在六千年前，我们的祖先就在西安定居了。

半坡遗址位于西安市东郊灞桥区浐河东岸，是黄河流域一处典型的原始社会母系氏族公社村落遗址，属新石器时代仰韶文化，距今六千年左右。它是黄河流域规模最大、保存最完整的原始社会母系氏族村落遗址。

西安古城建筑

西安半坡遗址

西安半坡遗址

半坡人制作陶器

半坡遗址分为居住、制陶、墓葬三个区，居住区是村落的主体。

半坡人属于新石器时代，使用的工具主要是木器和石器。妇女是主要生产力，负责制陶、纺织、饲养家畜，男人则大多从事渔猎。

半坡遗址共出土石、骨、角、蚌、陶、牙等质料的各种生产工具5275件，可分为三大类：农业生产工具、渔猎工具、手工业工具。还有其他制品，如陶制的乐器口哨，也称陶埙，保存完整，为细泥捏制而成。此外，装饰品发现很多，计有九类一千九百多件。按材料分，有石、陶、骨牙、玉、蚌、贝壳等；按形状分，有环饰、坠饰、方形饰、片状饰和管状饰等；按功用分，有手饰、发饰、耳饰、颈饰和腰饰等。这说明西安人在新石器时代，人类文明已经发展到很高的水平了。

半坡荟萃了黄河流域的史前文明，被誉为"华夏第一村"。

在中国历史长河中，在西安建都的朝代有 13 个。

第一个定都西安的是西周。

周族有着悠久的历史，原在陕甘交界处一带活动。后来，他们以岐山之南的周原为主要根据地，从事农业生产。公元前 11 世纪初，周族力量日益强大，一面征伐附近小国，扩充实力；一面把都城从周原迁到今天西安市长安县沣水西岸，建起了一座丰京城。这是中国历史上西安建都之始。

周族不断东进，周武王即位后，在姜子牙等人的辅佐下，趁商朝主力东征之际，出兵灭了商朝。周武王灭商后，定都于镐京。

丰、镐两京也称宗周，位于西安市长安区西北部的沣河两岸，丰京在河西，镐京在河东，是西周王朝近三百年间的政治、

半坡荟萃了黄河流域的史前文明，被誉为"华夏第一村"

经济和文化中心。

周武王灭商后，控制了商朝原来的统治地区，又征服了四周许多小国。

从周朝开始，我国境内各民族与部落不断融合。从此，华夏民族逐渐形成，成为现代汉民族的前身。

第二个定都西安的是秦朝。

秦本是春秋战国时期的一个诸侯国。周平王元年（公元前 770 年），秦襄公护送周平王东迁，立了大功，被封为诸侯。从周釐王五年（公元前 677 年）起，秦国在雍建都，统治长达三百来年。

秦献公二年 (公元前 383)，秦国将都城由雍城迁至栎阳，其地在西安市阎良区武屯乡关庄和御宝屯一带。这样，在西安城里，又多了一个建都的地点。

周显王十三年（公元前 356 年），秦孝公任用商鞅变法，使秦国强大起来，为统一中国打下了基础。这一年是秦孝公六年。

秦孝公十二年（公元前 350 年），又迁都到咸阳。秦王嬴政统一六国后，仍以咸阳为都城。

秦始皇在全国推行郡县制时，规定京畿内不设郡，只设内史管辖，以区别于其他诸

秦始皇塑像

郡。当时西安地区便只设内史，如同今天的大西安包括咸阳一样，当时的大咸阳也包括西安。因此，说秦朝曾在西安建都是符合史实的。

第三个定都西安的是西汉王朝。

西汉是中华民族发展史上的一个重要时期，中华各民族的核心——汉族就是在这一时期出现的。秦始皇统一中国后，战国时期各国的文化相互渗透，相互融合。到西汉时，中华地区在典章制度、语言文字、文化教育、风俗习惯等多方面渐趋统一，形成了共同的汉文化。

当初，汉高祖刘邦本打算定都洛阳，张良一听，立即进言，劝他定都长安，说："夫关中，

刘邦定都西安

西安古城石兽

左崤函，右陇蜀，沃野千里，南有巴蜀之饶，北有胡苑之利，阻三面而守，独以一面东制诸侯。诸侯安定，河渭漕挽天下，西给京师；诸侯有变，顺流而下，足以委输，此所谓金城千里，天府之国也。"刘邦听了张良的分析后，采纳了他的建议，取消了定都洛阳的决定，当天就乘车前往长安。

长安百姓听说刘邦来了，倾城出动，夹道欢迎。他们还记得当年刘邦和他们约法三章的事，认为刘邦是位仁厚的长者。

不久，长安便成了全国的商业中心，汇

王莽币

集了来自全国各地的货物，十分繁华。长安人口很快发展到 50 万，是当时全国最大的城市。

第四个定都西安的是新朝。

新朝寿命很短，只有十五年，是王莽篡汉建立的。

王莽是汉元帝皇后王政君的亲侄子，他年轻时孝母尊嫂，生活俭朴，饱读诗书，结交贤士，声名远播。

做官后，王莽礼贤下士，常把自己的俸禄分给门客和穷人，甚至卖掉马车接济急需帮助的人，因而深受世人爱戴，终于当上了一人之下万人之上的大司马。

不料，当上大司马之后，王莽的政治野心越来越大了。汉平帝死后，他故意立幼子刘婴为帝，为他篡汉创造了条件。

9 年元旦，王莽篡位称帝，改国号为"新"，年号为"始建国"。

王莽在位期间，倒行逆施，一道道命令从长安传向全国，不是改革新令，就是出征急令。

王莽名为改革，实为返古倒退；名为为国出征，实是穷兵黩武。这样，他将百姓推向了灾难的深渊。不久，民怨沸腾，天下大乱，义军纷起。

23 年，义军攻入长安。长安百姓早就恨透了王莽，这时立即群起而攻之。为了泄愤，他们冲入宫中将王莽刺死，剜其肉而食之。

第五个定都西安的是东汉献帝。

东汉都城本来在洛阳，是大军阀董卓强迫东汉献帝迁都长安的。

汉灵帝中平六年 (189 年)，汉灵帝病故。汉灵帝有两个儿子，大的叫刘辨，小的叫刘协。董卓进京立刘协为帝，史称汉献帝。

董卓依靠拥立之功，自封为丞相，独揽了朝中大权。他参拜不名，入朝不趋，剑履

西安古城墙

上殿，全无人臣之礼。从此，他在洛阳为所欲为。有一天，董卓带兵到郊外闲游，正赶上庙会，人山人海，十分热闹。董卓兽性大发，竟命令士兵冲进人群，把男人全部杀掉，驾上他们的牛车，抢走妇女和财物，还把那些砍下来的人头绑在车辕上带回洛阳。一路上，董卓让士兵狂呼乱喊道："打了大胜仗回来了！"

董卓在洛阳的所作所为引起了人们的强烈反对，有十多个州郡先后起兵反对董卓。董卓一看形势不妙，急忙挟持汉献帝撤出洛阳，逃往长安。

董卓到了长安，更加专横跋扈，穷奢极欲。

西安古城一景

他拼命搜刮财物，下令把秦始皇在长安所铸的铜人和宫里的铜钟全部砸碎，又把旧有的五铢钱收集起来，利用这些铜料铸成小钱在市上流通使用。这样，大钱改成小钱，弄得物价飞涨，一石谷的价钱高达数十万钱。长安百姓锅中断粮，只得以草根树皮充饥，都希望董卓快快死掉。不久，长安城里流传起一首童谣：“千里草，何青青！十日卜，不得生。”“千里草”是“董”字，“十日卜”是“卓”字。这首童谣是说“董卓你怎么还活得好好的，十日之内就死了吧”。董卓倒行逆施，恶贯满盈，终于引起众怒。汉献帝初平三年（192年）

西安铜钟

四月间，大司徒王允和骁将吕布合谋杀了董卓。

董卓死后，长安市民奔走相告，欢欣鼓舞。看守董卓尸体的士兵见董卓肥胖，就在他的肚脐中插上灯芯，像点油灯一样点着了。这支特大的"油灯"足足亮了两天。

董卓死后，汉献帝又回到了洛阳。

三年间，长安虽然有幸成为一国之都，但长安百姓却被董卓害苦了。

第六个定都西安的是西晋。

司马懿的儿子司马昭死后，他的孙子司马炎逼曹操的后人退位，自己做了皇帝，建立了晋朝，史称西晋。西晋最初定都洛阳，并统一了中国。

晋惠帝永兴元年 (304 年)，匈奴贵族刘渊起兵反晋。

西安古城石刻

刘渊身高八尺，双手过膝，自幼喜欢读书，拜上党大儒崔游为师，曾学习《毛诗》《京氏易》《春秋左传》《孙吴兵法》《史记》和《汉书》，深爱汉族文化。

刘渊胸怀大志，要做一番事业，是个既通晓汉文化又能文能武的匈奴贵族。

晋武帝司马炎初见刘渊时，因他状貌魁伟，感到惊讶，知道他不是一般人。这时，

西安古城民居

西安古城街景

有人向晋武帝推荐说："陛下可让刘渊统兵去讨伐东吴，东吴可灭。"晋武帝说："此事可以考虑。"但朝中大臣认为刘渊是匈奴人，不可重用，晋武帝只好作罢。刘渊听说此事后，曾大哭一场。

八王之乱爆发后，刘渊想帮助晋王朝平乱，要发兵攻打鲜卑和乌桓。这时，他的叔祖刘宣对他说："我们祖先单于和汉高祖刘邦结为兄弟，同甘共苦，何等友好。不料，自从汉朝灭亡后，我们单于徒有虚名，连地盘都没有了。晋朝君臣待我们像待奴婢一样，这口气怎能咽下去呢？鲜卑、乌桓和我们习性相同，可以结为外援，怎能攻打他们呢？"刘渊一听此言，如梦方醒，激动地说："我现在有十万雄师，个个以一当十，消灭晋朝如同秋风扫落叶一样。但要夺取天下，必须先得民心。当年，我们单于迎娶汉朝公主为阏氏，我们都是汉朝皇帝的外甥，和汉朝皇帝本是一家。如果我们打出大汉的旗号，就名正言顺了。"

晋怀帝永嘉二年 (308 年)，刘渊在平阳称帝，自称是汉朝的外孙，把他建立的国家定名为汉国，表示要继承汉朝的正统。

刘渊建立汉国后，发兵攻打晋都洛阳，最后终于攻克洛阳。

西安古城一景

当洛阳沦陷时，晋朝皇室有大批人逃往长安，汉军尾随打进了长安。

当时，关中连年灾荒，缺乏粮食，在那里无法立足，汉军便掠走八万多汉人，胜利而归。

晋朝宗室和大臣听说匈奴军队走远了，又都回到长安，拥立司马炎的孙子司马邺做了皇帝，史称晋愍帝。这样，西晋的都城便从洛阳被动地迁到了长安。

晋愍帝建兴四年(316年)，汉军又一次攻陷长安，西晋文武官员全部被俘。

晋愍帝坐着羊车，光着膀子，口里衔着传国玉玺向汉军投降，持续五十二年的西晋王朝至此灭亡了。

正如刘渊说的那样，汉军像秋风扫落叶一样灭了晋朝。

汉代虎皮釉海涛纹钟

第七个定都西安的是前赵。

刘渊死后，其子刘聪即位，八年后也死了，其子刘粲即位，不久被匈奴贵族靳准所杀。318年，镇守长安的刘聪族弟刘曜自立为帝，定都长安，改汉国为赵国，史称前赵。

一年后，刘渊大将石勒也自称赵王。因他建国比前赵晚一年，史称后赵。

淝水之战旧址

前赵政权在长安维持了十一年，最后被石勒大军消灭了。

第八个定都西安的是前秦。

前秦是十六国时期氐族建立的政权。氐族人苻坚于 351 年自称大秦天王，定都长安，史称前秦。

从西晋八王之乱开始，长安百姓陷于水深火热之中，饱尝战乱和水旱之灾的摧残。长安城中遍地白骨，一百个人仅有一两个人能存活下来。

苻坚即位后，饱经天灾人祸近二百年的长安百姓终于有了盼头。

苻坚聪明绝顶，记忆力极强，两目有紫光，双手过膝。苻坚读书特别用功，学业进步很快，很快成了一位饱学之士，经史子集，诸子百家，无所不通。书籍使苻坚明白了他应该统一天下，建功立业的道理。他知道一个人的力量是有限的，因此他到处搜罗人才。不久，他终于选中了一个名叫王猛的谋士。

苻坚封王猛为中书侍郎，要他帮助自己进行政治改革。改革促进了社会发展，使前秦迅速强大起来。

不久，苻坚提拔王猛担任中书令兼京兆尹。王猛与中丞邓羌同心协力整顿京城秩序，对那些违法乱纪的人铁面无私，毫不手软，即使是皇亲国戚也一概绳之以法，不留情面。一时间，百官震惊，恶人丧胆，社会风气大变，长安城里连掉在路上的东西也没人敢私自拾走了。

王猛画像

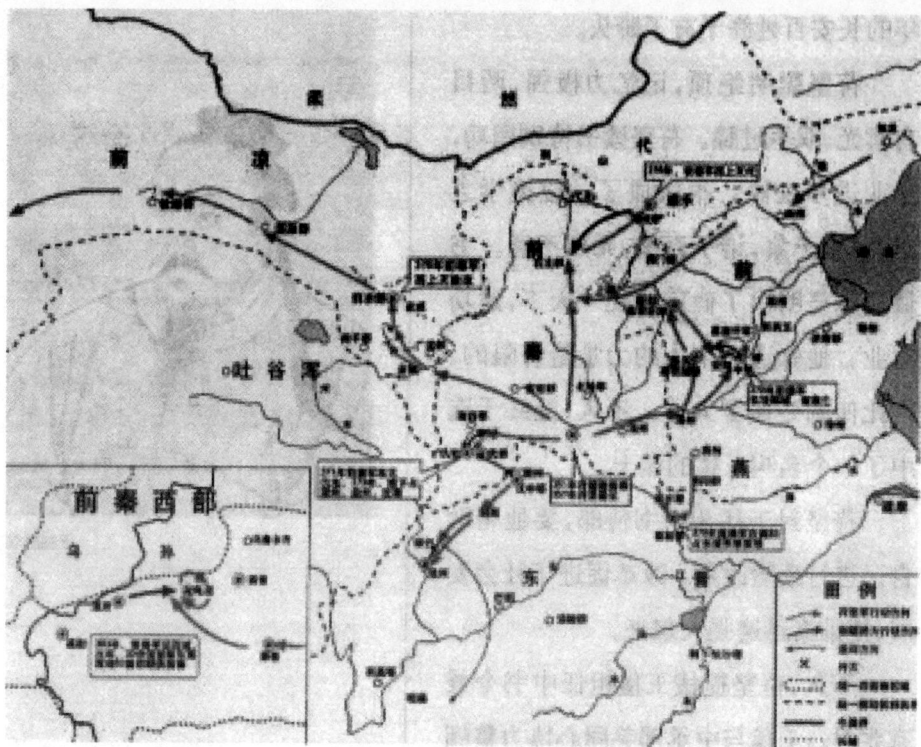

符坚统一北方战争示意图

不久，王猛升任宰相，因日夜为国事操劳，终于积劳成疾，一病不起。

符坚建元十一年 (375 年) 六月，符坚见王猛病重，十分难过，亲自去探望他，问他说："以后国家大事该怎么办？"王猛回答说："东晋虽然偏安江南，但它以正统为号召，君臣和睦，民心还是归向它的。臣死之后，陛下千万不要急着攻打东晋，要留心鲜卑、西羌等内患。"说完，瞑目而逝，享年 51 岁。

符坚大恸道："这是上天不让我统一天下

吗？为什么这样早就把我的王猛夺走了呢！"

长安百姓十分怀念王猛，整整悼念了三天。

前秦曾一度统一我国北方黄河流域，对于北方的稳定具有重要的作用。不幸的是，苻坚忘了王猛临终之言，过早地发兵攻打东晋，在淝水之战中大败而归。

在苻坚统治下，长安百姓过上了三十五年的太平日子。

第九个定都西安的是后秦。

苻坚在淝水之战中大败，退回长安，清点一下人马，原来的几十万人只剩下十分之二三了。

前秦吃了败仗，力量大为削弱，鲜卑人、羌人、匈奴人纷纷反秦自立，建立了许多政权，北方广大地区重又陷入分裂之中。

北魏孝文帝礼佛图

苻坚回到长安不久，被他的部将——羌族人姚苌缢死于佛寺中。

晋孝武帝太元九年(384年)，姚苌自称皇帝，国号大秦，定都长安，史称后秦，长达三十四年。

第十个定都西安的是西魏。

西晋灭亡后，北方分裂了一百多年，最后由拓跋氏建立的北魏结束了五胡十六国的混战局面，统一了北方。

北魏孝武帝元年(532年)，大军阀高欢拥立孝文帝的孙子元脩当皇帝，史称孝武帝。孝武帝不甘心当傀儡，高欢闻讯后率军进入京城洛阳问罪。孝武帝不知所措，只好逃到西方的长安投奔大军阀宇文泰。

高欢另立孝文帝的曾孙元善见为帝，史称东魏孝静帝。

孝武帝逃到长安后，被宇文泰所杀。宇文泰立元宝炬为帝，史称西魏文帝，定都长安，

西安出土文物

与高欢所拥立的东魏对立，政权实际上由宇文泰操控。

从此，长安百姓又有了转机。

西魏立国后，形势极为严峻。东有高欢大军压境，南有梁军不时构衅。尤其是高欢，与西魏为敌，欲将其扼杀于襁褓之中。而双方力量对比又十分悬殊，东魏地广国富，人口逾二千万，兵强马壮；西魏地狭国贫，人口不满一千万。为此，宇文泰忧心忡忡，急欲寻找人才变法图强。这时，有人向他推荐朝臣苏绰。苏绰博览群书，满腹经纶，天文地理无所不知，在同僚中很有名气，各衙门

宇文泰萧绎像

有什么疑难问题都征询他的意见。于是，宇文泰提拔苏绰为大行台左丞，参与机密，拟定治国大纲，革新政治，使西魏迅速强大起来。

苏绰以天下为己任，为了改革，呕心沥血，鞠躬尽瘁，终于积劳成疾，于西魏文帝大统十二年（546年）病逝。

苏绰归葬故里时，宇文泰率百官送棺椁出城，长安百姓也倾城而出，痛哭失声。真是举国同悲，山河易色。

第十一个定都西安的是北周。

宇文泰死后，长子宇文觉自称周公。第二年，他废掉西魏恭帝，自立为帝，建立周朝，仍定都长安，史称北周。

周武帝宇文邕是宇文泰的第四子，自幼聪明机智，文静恬雅，孝敬父母。宇文泰极疼爱他，常说："将来实现我宏图大志的，一定是这个孩子。"

北魏以来佛教盛行，北周境内有佛寺一万多所，和尚、尼姑二百多万人。这些人不劳而食，还享受不纳税不服徭役的特权，成了社会上的寄生虫。

北周武帝建德三年 (574 年)，周武帝下令没收关、陇、梁、益、荆、襄等州僧侣地主的土地和寺院财产，充作军费；销毁铜佛像和铜钟、铜磬等，用以铸造铜钱和武器；近百万的僧侣被勒令去开荒种地。这件事史称"灭佛"。

西安出土编钟

千手观音像

周武帝宣布灭佛时，有的和尚吓唬他说："禁佛是要下地狱的。"周武帝坚定地说："只要百姓得到快乐，我愿受地狱之苦。"

周武帝灭佛，打击了僧侣地主，发展了社会生产，使国家增加了物质财富，相对地减轻了人民的负担，为消灭北齐、统一中原创造了条件。

灭佛之后，北周国富兵强，远远地超过了东方的北齐。

第十二个定都西安的是隋朝。

北周武帝宣政元年(578年)五月，周武帝率领大军北伐突厥，不幸在途中病倒，回到长安就死了。这年，他才 36 岁。太子宇文赟即位，史称周宣帝。周宣帝为人喜怒无常，经常无故惩罚大臣，就连皇后和嫔妃也不能幸免。外自官员，内至宫女，人人自危，搞得全国上下无不怨恨。

周宣帝当皇帝不到一年，就对每天上早朝厌烦了。于是，他把皇位传给年仅 7 岁的儿子宇文阐，自己到后宫尽情玩乐去了。史称宇文阐为周静帝。

这时，周宣帝的岳父杨坚进宫辅佐幼主周静帝，独揽了北周的军政大权。接着，他便强迫即位刚一年的小皇帝让位，夺取了北周的政权，建立了隋朝，仍定都长安。

隋文帝杨坚像

杨坚就是中国历史上有名的逆取顺守的隋文帝。

隋文帝做了两件大事。第一件事是建立新城：隋文帝刚建都时仍沿用汉代长安城，但由于七百多年间的多次战乱，长安城里宫室残破，井水咸而有卤，已经不适宜建都了。隋文帝开皇二年（582 年），隋文帝下令在西安龙首原以南的平原上建立新都，名为大兴城。大兴城规模宏大，布局合理，全面考虑了地形、水源、商业、交通、城市管理、军事防卫、环境美化以及经济、文化等诸多因素，充分显示了当时的经济实力和科技水平。第二件事是伐陈：开皇八年 (588 年) 春天，隋文帝任命他的二儿子

西安古城美景

唐高祖李渊献陵

晋王杨广、三儿子秦王杨俊和大臣杨素三人为行军元帅，率东、中、西三路大军讨伐江南的陈朝，统一了中国。这样，分裂了几百年的中国重又统一了。

第十三个定都西安的是唐朝。

唐朝第一个皇帝李渊出生于长安，7岁就袭了唐国公。李渊的妻子窦氏是隋朝贵族神武公窦毅的女儿，隋文帝的独孤皇后又是李渊的姨母。因此，李渊在朝廷上十分受宠。

隋炀帝大业十三年（6l7年），李渊被任命为

太原留守。太原是北方重镇，不仅兵源多，而且粮饷足，储粮可供十年之用。李渊在太原发展自己的势力，徐图大举。当时，隋炀帝远在江都，沉湎声色，鞭长莫及。李渊宣布起兵时说："今日大举义兵，是为了安定天下，维护朝廷。"李渊一方面以辅佐朝廷为幌子，掩人耳目，另一方面联合突厥，扩充势力。李渊派刘文静出使突厥，去见始毕可汗，请他率兵相应。始毕可汗送良马一千匹，还答应李渊派兵护送他去长安。李渊进入长安后，下令封府库，收图籍，禁止掳掠。城内百姓夹道欢迎，秩序井然。大街上人来人往，似乎没有发生任何事情似的。李渊立隋代王杨侑为皇帝，史称隋恭帝，遥尊隋炀帝为太上皇。李渊自任大丞相，进封唐王。隋恭帝实际上成了李渊的傀儡。

李渊为了进一步巩固自己的势力，开始大封功臣。晋阳旧吏都得到了一官半职，无不盼望李渊早做皇帝，自己好捞到更大的好处。

不久，隋炀帝被杀，李渊再也不需要隋恭帝了，便逼他退位，然后在太极殿即位，国号唐，改元武德，大赦天下，建都长安。

唐朝是中国历史上封建社会的辉煌时期，真正结束了中国几百年来的混战局面，都城长安也得到了进一步的发展，比现在的西安城要

唐长安城复原图

西安古城石雕

大七倍多，人口增至一百余万，是当时世界上规模最大、人口最多的城市。

以上十三朝在西安建都之说，赢得了绝大多数史学家的认可。

此外尚有多种建都之说，如认为武则天建周时曾在西安建都，黄巢和李自成也曾在西安建都等。

元代称西安为安西路，后来又改为奉元路。

明太祖洪武二年（1369 年），改奉元路为西安府，西安之名由此而来。

1928 年，西安首次设市。

1948 年，西安由省辖市改为国民政府行政院辖市。

中华人民共和国成立后，西安市曾经是陕

联合国教科文组织将西安定
为世界历史名城

甘宁边区辖市、西北行政区辖市、中央直辖市、计划单列市。

自从 1954 年以来，西安一直是陕西省省会所在地，现属副省级城市。

1981 年，联合国教科文组织将西安市定为世界历史名城。

西安市现为中国七大区域中心城市之一、亚洲知识技术创新中心、新欧亚大陆桥中国段最大的中心城市和中国大型飞机制造基地。

西安市是中国重点高等院校最为集中的城市之一，科技实力仅次于北京、上海，居全国第三位。

西安曾荣获"国家卫生城市""中国优秀旅游城市""中国最佳管理城市"等称号。

二、帝后陵寝

（一）夏太后陵

秦始皇祖母夏太后陵位于西安财经学院新校区，陵园占地面积约 260 亩，南北长 550 米，东西宽 310 米。一座隔墙将陵园分为南北两区。南区主要是房屋建筑遗址，北区有大墓和 10 多个陪葬坑坐落其间，南北长 410 米。

这是我国古代最高规格的墓葬，具有四条墓道。在大墓的陪葬坑中有安车一辆、挽马六匹。根据古代礼制，只有天子才能有六匹挽马，也就是所谓的"天子驾六"。

夏太后是秦庄襄王的母亲，秦始皇的祖母，其级别完全够得上用天子之礼安葬。

夏太后陵"天子驾六"陪葬车马坑

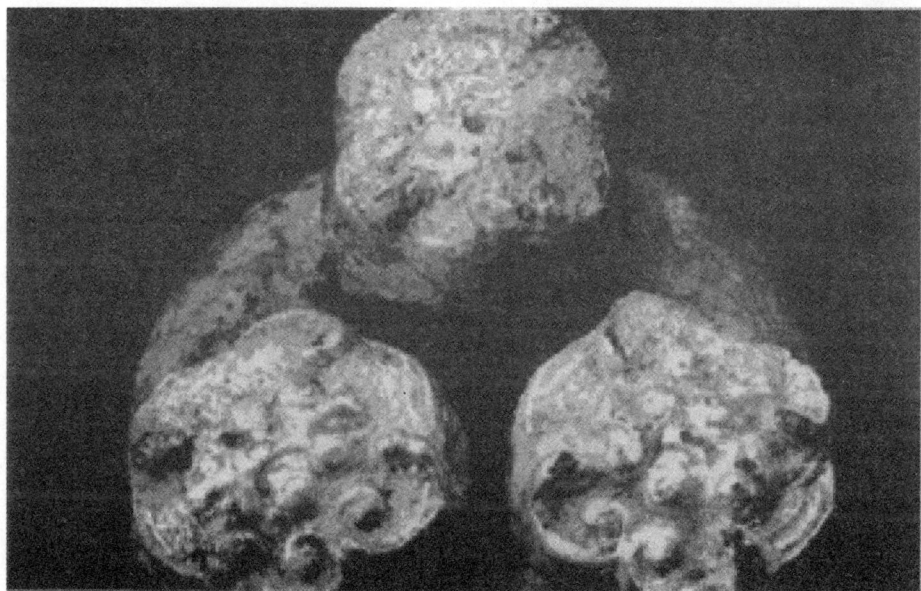

夏太后陵出土的马具

　　夏太后是秦昭襄王太子安国君的夫人，生了个儿子叫异人。

　　在众多夫人当中，安国君最宠爱的是华阳夫人，但华阳夫人没有生儿子。

　　异人长大后，被派到赵国都城邯郸去做人质。由于秦国多次攻打赵国，赵国对异人不加礼遇，异人在赵国很不得意。大商人吕不韦见到异人后，不禁说道："此奇货可居！"意思是说这个货可以买下来挣大钱。于是，他对异人说："我能光大你的门楣。"异人笑道："你先光大自己的门楣吧。"吕不韦说："你不知道，我的门楣得靠你的门楣才能光大哩。"异人明白他的意思，两人密谈起来。吕不韦对异

夏太后陵出土的银饰

人说:"秦王已经老了。太子宠爱华阳夫人,而华阳夫人却没有儿子。你父亲一旦即位,立了太子,你就没有机会做太子了。"异人问道:"那怎办好呢?"吕不韦回答说:"只有华阳夫人能决定谁做太子。我虽然穷,但愿意拿出千金为你活动,让你父亲立你为太子。"异人说:"如果此事真能办成,我愿意和你平分秦国。"于是,吕不韦拿出五百金送给异人,让他结交宾客。又用五百金买了一些珍宝献给华阳夫人,对华阳夫人说:"异人极其贤能,宾客遍布天下。他为人极孝,以夫人为天,还常流泪思念父亲。"华阳夫人听了,十分高兴。接着,吕不韦让华阳夫人的姐姐劝华阳夫人说："漂亮的脸蛋是靠不住的，一旦色衰，太子就不会爱你了。不如趁现在太子爱你时，在太子的儿子中选一个贤能的立为嫡子。这样，将来即使色衰也有依靠了。异人既然很贤能，就立他为嫡子吧。"华阳夫人一听就同意了，忙去对安国君说："我很不幸，没有生儿子。我想认异人为子，好有个依靠。"太子十分宠爱华阳夫人，言无不从，当时就同意了，还刻玉为符，立异人为继承人。

这样，夏太后的儿子异人在安国君众多儿子中脱颖而出，被立为太子，后来做了秦王。

夏太后一直到嬴政即位七年后，也就是他20岁时才去世。此时周王室已经灭亡，秦国也达到了国力最强盛的时期。由于没有周天子的束缚，夏太后才得以用天子所享用的礼制下葬。

夏太后陵出土的刻有"私官"二字的茧形壶

夏太后陵墓规模巨大，是秦始皇下令修建的，被称为我国古代第二大墓，有极高的文物价值。

（二）秦始皇陵

秦始皇陵位于陕西省西安市以东30

公里的骊山北麓，南依骊山，北临渭水，规模宏大，气势雄伟，面积 56.25 平方公里。陵基近方形，状如覆斗，夯土筑成。

陵上封土原高约 115 米，现存陵高 76 米，陵基东西宽 345 米，南北长 350 米，酷似金字塔。

陵园内有内外两重城垣，内城周长 3840 米，外城周长 6210 米。内外城廓有高约 8 至 10 米的城墙，尚残留遗址。墓葬区在南，寝殿和便殿建筑群在北。

秦始皇陵是中国第一座皇家陵园，在中国近百座帝王陵墓中以规模宏大、埋藏丰富著称。

1956 年陕西省人民政府公布秦始皇陵为省级重点文物保护单位，1961 年被中华人民共和国国务院公布为第一批重点文物保护单位。

1987 年，联合国教科文组织把秦始皇陵列入世界文化遗产保护目录，成为全人类的共同财富。

2002 年，秦始皇陵荣膺国家 4A 级旅游景区。

古埃及金字塔是世界上最大的地上王陵，中国秦始皇陵是世界上最大的地下皇陵。

西安秦始皇陵

秦始皇陵石碑

秦始皇从 13 岁即位起就开始在骊山修建陵墓。统一六国后，秦始皇又从全国各地征发十万多人继续修建，直到他 50 岁死去，共修了 37 年。

据史书记载，秦始皇陵挖至泉水之下，然后用铜汁浇铸加固。墓宫中修建了宫殿楼阁和百官朝见时的位次，放满了奇珍异宝。墓室顶上饰有明珠，象征天体星辰；下面是百川、五岳和九州的缩雕，象征江河大海川流不息。

公元前 210 年，秦始皇死于沙丘平台，平台在今河北广宗县。

秦始皇尸体运回咸阳入葬时，秦二世胡亥命令秦始皇的宫女一律殉葬，修造陵墓的工匠也全部埋于墓中。

秦始皇帝陵四周分布着大量陪葬坑和墓葬，现已探明的不止400个。

在这些陪葬坑中，有象征帝王乘舆的铜车马、象征宫廷养马的马厩、象征皇帝射猎的珍禽异兽坑，以及象征秦王百万雄师的兵马俑。尽人皆知的巨型兵马俑阵已经被列为世界八大奇迹。

1974年3月29日，陕西骊山北麓西杨村农民打井时在井中发现了一个陶兵俑头，并陆续挖出俑头、残肢和铜弩机件、青铜镞等。于是，陕西省成立了秦俑考古队，于当年7月15日开始试掘。经过半年的挖掘，发现了"一号俑坑"。1975年，在一号俑坑遗址上盖起了保护大厅，成立了"秦始皇陵兵马俑博物馆"。1976年4月，在一号俑坑东端北侧约20米处钻探出二号俑坑，同年5月又在一号俑坑西端北侧25米处钻探出三号俑坑。

秦始皇兵马俑陪葬坑是世界最大的地下军事博物馆，布局合理，结构奇特，在深5米左右的坑底每隔3米架起一道东西向的承重墙，兵马俑排列在墙间空档的过洞中。

秦始皇陵兵马俑

秦陵内三个兵马俑坑呈品字形排列。一号俑坑呈长方形，东西长 230 米，南北宽 62 米，深约 5 米，总面积 14260 平方米，四面有斜坡门道。俑坑中最多的是兵俑，身高 1.7 米左右，最高的 1.9 米。陶马高 1.5 米左右，身长 2 米左右。战车与实用车大小一样。人、马、车和军阵是通过写实手法的艺术再现。

二号俑坑呈曲尺形，东西长 96 米，南北宽 84 米，总面积约为 6000 平方米。坑内建筑与一号俑坑相同，但布阵更为复杂，兵种更为齐全，是三个坑中最为壮观的军阵，是由骑兵、战车、步兵、弩兵组成的多兵种部队。二号俑坑有陶俑、陶马 1300 多件，其中有将军俑、鞍

秦始皇陵二号兵马俑坑御手俑

马俑、跪姿射俑。

三号俑坑南距一号俑坑 25 米，东距二号俑坑 120 米，面积约为 520 平方米，呈凹字形。门前有一乘战车，内有兵俑 68 个。三号俑坑为总指挥部，负责统率左、右、中三军。

兵马俑体现了我国古代劳动人民的智慧，是世界奇迹，享誉中外。

近年来，秦始皇陵区内有 5 万余件重要的历史文物出土，其中不少是价值连城的稀世珍宝，如铜车马、乐府钟、夔纹大瓦当、踞坐俑等。

从这些陪葬坑的内涵来看，秦始皇陵园就是当年秦始皇地上王国的再现，人间有的一切

秦二世皇帝陵

在地下都有。在地下王国中，秦始皇过着与生前一样的生活。

（三）胡亥墓

胡亥即秦二世。

胡亥墓坐落在西安市雁塔区曲江乡西曲江村南半坡上，圆形，封土堆高5米，直径25米。

墓北有石碑一座，高3米，宽98厘米，厚28厘米。碑面阴刻"秦二世皇帝陵"六个隶书大字，为清高宗乾隆四十一年（1776年）陕西巡抚毕沅所立。

胡亥墓环境幽僻，与秦汉以来宏伟的帝王

胡亥墓文物保护碑

陵墓迥异，同附近的杜陵、少陵相比也颇为逊色。

秦始皇三十七年（公元前 210 年）冬十月，丞相李斯、秦始皇小儿子胡亥和中车府令赵高跟随秦始皇出游。秦始皇在平原津一病不起，临死时让赵高写信给长子扶苏，让他到咸阳参加葬礼。

当时，扶苏在大将蒙恬的辅佐下，正在镇守北疆。

信已写好，尚未发出时，秦始皇死于沙丘平台。李斯唯恐公子们乘机在京城作乱，于是秘不发丧，将秦始皇装在车上运回咸阳。

陕西绥德蒙恬墓

一路上照旧给秦始皇上饭，百官奏事如初，只有几个人知道秦始皇已经死了。这时，深得胡亥宠信的赵高开始打坏主意了。当初，秦始皇宠任蒙氏兄弟，蒙恬在外为将，蒙毅在朝内参政。赵高生下来是个天阉的男子，秦始皇见他身强有力，精通断狱，便提拔他担任中车府令，让他教胡亥断狱，胡亥极宠信他。后来赵高犯罪当死，秦始皇让蒙毅审理，蒙毅给赵高判了死刑。秦始皇法外施恩，赦免了他，还恢复了他的官职。从此，赵高十分痛恨秉公执法的蒙毅。如今，赵高见秦始皇已死，心想："如果扶苏即位，必重用蒙氏兄弟，到那时我就倒霉了。"于是，他给胡亥出主意说："我们可以伪造诏书，以皇帝的名义诛杀扶苏，立你为太子。"胡亥听了，十分高兴。赵高又说："此事如果不与丞相合谋，恐怕不能成功。"于是，胡亥让赵高找李斯商量。赵高对李斯说："皇上的符玺和写给扶苏的信都在胡亥手里，立谁为太子，全凭你我之口了。你看怎么办好？"李斯说："你怎么说出这种亡国之言？这不是做人臣的应当议论的。"赵高问道："在扶苏心目中你能比得过蒙恬吗？"李斯说："当然比不过蒙恬。"赵高说："扶苏如果即位，必然让蒙恬做丞相，那时你肯定不能衣锦还乡了。而胡亥仁慈宽厚，会善待你的，请你好好考虑考虑再做决定吧。"李斯听了，认为他说得有理，便和他定计，诈称接受秦始皇之命，立胡亥为太子。于是，他们另外写了一封信给扶苏，说他不能拓边立功，士兵多有伤亡，还屡次上书诽谤君父，抱怨不能立为太子。蒙恬明知其谋，却不能矫正他的过失，因此两人要同时赐死。扶苏见信后，立即自杀。这样，胡亥得以即位，史称秦二世。后来，蒙氏兄弟也被赵高害死了。

秦二世不学无术，凶暴残忍，只知享乐。他登基后，听信赵高的谗言，增加赋税，滥

秦将军蒙恬画像石

帝后陵寝

用酷刑，使百姓和群臣不堪忍受。不久，天下大乱，陈涉、吴广揭竿而起，项羽、刘邦举兵响应，百姓纷纷造反。

赵高依仗胡亥的宠信为所欲为，为报私怨杀了好多人。他怕大臣入朝举报，便劝秦二世说："天子之所以尊贵，是因为大臣们只闻其声，不见其面的缘故。陛下如果坐在朝上听政，万一言语失宜，举止不当，必被大臣指责，见笑于天下。因此，陛下不如深居宫中，让微臣去处理政事，有事也好商量。这样，天下就会称陛下为圣主了。"秦二世正懒得上朝，听了这话真是求之不得，立即准奏。从此，他再也不坐朝接见大臣，政事都由赵高一人决定了。

秦二世皇帝陵一景

七朝古都西安

秦二世皇帝陵一景

　　有一天，秦二世听说百姓造反了，便问赵高，赵高怕归罪于他，便敷衍说："关东盗贼成不了什么大事。"

　　秦二世三年（公元前207年），刘邦率军攻下武关，关中震动，赵高这才害怕了。他怕秦二世治他的罪，将他处死，便称病不朝了。秦二世派人责问赵高说："丞相，为何盗贼日见增多？"赵高一听，更加害怕，便先下手为强，让女婿阎乐率兵入宫，逼秦二世自杀了。

　　秦二世死后，以庶人礼下葬。

　　1956年8月6日，胡亥墓被陕西省人

秦二世皇帝陵曲廊

帝后陵寝

汉文帝刘恒霸陵

民委员会列为第一批重点文物保护单位。

多行不义必自毙，胡亥可谓反面人物的典型。

（四）霸陵

霸陵位于西安市东郊白鹿原东北角，当地人称其地为"凤凰嘴"。

霸陵也写作灞陵，是汉文帝的陵园。灞即灞河，灞陵因靠近灞河而得名。

霸陵依山而建，是中国历史上第一个依山凿穴的帝陵，对六朝和唐朝依山为陵的建制影响很大。

霸陵陵园工程十分浩大，建有寝殿、便殿

等，墓门、墓道、墓室以石片垒砌，并有排水系统。霸陵在西晋时曾遭盗掘，发现了大量的陪葬品。

西汉一般是帝后合葬，但不合陵，也就是皇后与皇帝葬在同一处，但各自立陵。

薄太后是汉高祖刘邦的妃子，于汉文帝登基后被尊为太后。因为太后吕雉与汉高祖刘邦合葬，所以薄太后不能与刘邦合葬，只能葬在这里。

窦皇后陵在窦陵村西北，距霸陵东北一公里左右。窦皇后陵园之东有从葬坑多座，包括女儿馆陶公主、外孙女孝武皇后陈阿娇等，现已发掘 36 座，出土了造型优美的彩绘

窦皇后陵石碑

陶俑、陶罐和马、牛、羊等动物骨骸。

刘邦死后，大儿子刘盈做了皇帝，史称汉惠帝。刘盈为人懦弱，不适合做皇帝，他的母亲吕太后掌握了朝中大权。刘盈在位七年，24岁便死了。吕太后继续执政，九年后才死去。大将周勃和丞相陈平商量说："代王刘恒是高祖的儿子，帝位应该由他来继承。"这样，刘恒做了皇帝。他就是历史上有名的汉文帝。

刘恒是刘邦的第三个儿子。母亲薄氏随儿子长住封国，远离长安，未曾与吕后争宠，因此得以平安地活了下来。

刘恒做皇帝后，在第一道诏书里说："春天快到了，草木复苏，而贫苦的百姓却面临死亡，为民父母的怎能不关心他们呢？要立即赈济他们。"

这一年，汉文帝废除了连坐法。过去，一人犯罪，要连累父母、兄弟、妻子。汉文帝说："法律本来是禁止暴行保护好人的，既然犯法的人已经判了刑，又何必对他人施暴呢？"

汉文帝还废除了肉刑，因为截掉了肢体，就再也接不上，受刑的人就是想悔过自新也不可能了。

汉文帝霸陵

汉文帝在位期间，轻徭薄赋，与民休息，曾两次将田赋减为三十税一，甚至十二年免收全国田赋。他还大兴水利，加速发展农业生产。

因此，汉文帝被史家称为"仁君"，经常有人特地到霸陵去祭拜他。

（五）杜陵

杜陵是汉宣帝陵墓，在西安市曲江乡三兆村南。

杜陵是西汉帝陵中规模较大、保存较好的一座，1988年被中华人民共和国国务院公布为全国重点文物保护单位。

陵园平面方形，边长430米。墙夯筑，基宽8米。四面正中各有一门，门址通宽85米，进深20米，门道宽13.2米，底铺素面方砖。

王皇后陵园及其形制与杜陵基本相同，唯规模较小，边长为330米。

杜陵出土遗物主要为砖瓦建筑材料，有方砖、长条砖，纹饰有素面、几何纹和小方块纹。瓦当有"长乐未央""长生无极"等文字。此外尚有铁刀、铁锸、铁钎、镏金铜构件、铁镞和五铢钱、大泉五十等。

杜陵一景

汉宣帝陵墓石碑

汉宣帝许后陵在西安市南，因规模比杜陵小，故称少陵。

汉武帝死后，儿子刘弗陵即位，史称汉昭帝。这年，他才8岁，国家大事全由大将军霍光处理。

汉昭帝在21岁那年就去世了，他没有儿子，霍光和皇太后商量，迎立汉武帝的孙子昌邑王刘贺为帝。但刘贺是个荒淫无耻的人，才做了二十七天皇上，就做了一千多件不该做的事。霍光见他不适合做皇帝，便奏请太后将他废掉，另立汉武帝的曾孙刘询为帝，这就是汉宣帝。

汉宣帝名刘病已，是汉武帝太子刘据的孙子。

汉武帝老年昏聩，刘据被奸臣陷害自杀。刘据死后，刘病已的父母也都遇害身亡。那时，刘病已生下来才几个月，也因被牵连而住进长安监狱。

　　负责长安监狱的廷尉监丙吉是个正直而富有同情心的人，他认为才几个月的孩子根本无罪，便找了几个女犯人照顾刘病已。后来，他又自己花钱雇了一个刑满释放的女犯人专门抚养刘病已。

　　5岁时，刘病已出狱了。他的名字又上了汉朝宗室的簿籍，生活费用由朝廷供应了。

　　掖庭令张贺对刘病已特别关心，掏钱供他读书，让他受到了良好的教育。当他16岁时，张贺又为他娶了个妻子，名叫许君平。

汉宣帝陵墓遭到盗墓者破坏

汉宣帝刘询像

如今，刘病已一步登天，坐上了人人企盼的皇帝宝座。

汉宣帝受过良好的教育，知道为君之道。他从平民做了皇帝，非常珍惜这个位置。他从亲政开始，就下定决心，一定要做个好皇帝。

他知道众擎易举，自己的能力是有限的，于是他特别注意选拔贤臣，让他们代表自己的意志去治国平天下。

汉宣帝励精图治，轻徭薄赋，发展生产，国家大治，长安百姓都称他是中兴之主。

三、名人古墓

（一）扁鹊墓

扁鹊墓位于骊山东侧，距秦兵马俑约 8 公里。墓高约 1.67 米，墓围周长约 50 米。墓前有石碑 1 通，穹顶，通高 1.32 米，碑座高 0.35 米。墓旁有石羊 1 对，古槐 1 株，树龄已超过两千年。墓东有扁鹊祠，祠内有碑，上刻《重修扁鹊祠记》。

扁鹊祠分东西二庙，西庙面对中条山，靠近王官谷瀑布，风景优美。抗日战争期间曾遭日军战火所毁，仅存石狮 1 对，碑碣 3 通。

东庙保存较好，有正殿、献殿。正殿暖阁中有泥塑扁鹊坐像，左右两侧侍立司药、司书童男童女。扁鹊像施彩贴金，龙袍玉带，端坐龙首椅上，慈祥庄重，广额方颐，有宋塑遗风。

扁鹊姓秦，名越人，被人尊为神医扁鹊，战国时期渤海郡莫州（今河北任丘）人。

扁鹊年轻时曾在故乡做过舍长，即旅店主人。在他的旅舍里，有一位长住的旅客叫长桑君，是位神医。长桑君见扁鹊为人忠厚，乐于助人，聪明勤快，便将医术及秘方传授给他。于是，扁鹊拜长桑君为师，继承了他的医术，成了一代名医。

扁鹊墓

扁鹊成名后周游各国，为人治病。他善于汲取前代和民间的经验，逐步掌握了多种治疗方法，医术到了炉火纯青的地步。扁鹊创造了望、闻、问、切的诊断方法，奠定了中医临床诊断和治疗方法的基础。

扁鹊精于内、外、妇、儿、五官等科，应用砭刺、针灸、按摩、汤液、热熨等方法治疗疾病，被后人尊为医祖。

当时，秦国地处西陲，非常重视从东方各国招揽人才，扁鹊也来到了秦国。

有一天，秦武王与武士进行举鼎比赛，伤了腰部，吃了太医李醯的药仍不见好转，反而更加严重了。有人说："神医扁鹊已来到我国，大王何不请他治一治？"秦武王立即传令扁鹊入宫。扁鹊给秦武王服了一剂汤药，不久就病愈了。

秦武王大喜，想封扁鹊为太医令。李醯知道后，担心扁鹊日后超过他，便在武王面前极力阻挠，称扁鹊不过是"草莽游医"。秦武王半信半疑，但没有打消重用扁鹊的念头。

李醯妒火中烧，派了两个刺客刺杀扁鹊，被扁鹊的弟子发觉，躲过了一劫。

扁鹊决定带弟子离开秦国，沿着骊山

扁鹊墓冢

神医扁鹊塑像

北面的小路向东走去。李醯听说后，派杀手扮成猎户，在半路上杀了扁鹊。

现在的扁鹊墓，就是扁鹊当年遇害的地方。

扁鹊以其精湛的医术、高尚的医德深受百姓爱戴，因而受到历代祭祀。

扁鹊庙已被定为陕西省重点文物保护单位。

（二）蔺相如墓

蔺相如墓在西安市临潼区东，坐落在戏河之西，临马道北，占地 6600 平方米，高 15 米，呈方形隆顶。

清代著名考古学家——陕西巡抚毕沅特地为蔺相如墓树碑，大书"赵大夫蔺相如之墓"八个大字于其上。

1952 年，戏河当地人在戏河桥下捞出这块石碑，保存在戏河小学校内。

蔺相如（公元前 329—公元前 259 年），战国时赵国大臣，官至上卿。

蔺相如是战国时期的杰出政治家，被赵王依为股肱之臣。他一生最重要的事迹有"完璧归赵""渑池会逼秦王击缶"与"将相和"，称得上是中国历史上不可多得的大智大勇式的人物。

周赧王三十二年（公元前 283 年），赵王得到了楚国的和氏璧。这块璧是无价之宝，价值连城。秦王听说后，想要得到这块玉，

蔺相如墓

蔺相如墓碑

便派使者对赵王说："寡君愿意用十五座城池换和氏璧，请大王恩准。"赵王听了，心想："不给吧，秦国太强，惹不起；给吧，又怕受骗上当，璧献出去了，城池却得不到。"想来想去，不知如何是好。最后，赵王只得去问足智多谋的蔺相如："爱卿，你看这事怎么办好？"
蔺相如回答说："秦国用十五座城池换一块玉，如果咱们不答应，就是咱们的不是了；如果咱们把和氏璧送给秦国后，秦国不给我们十五座城池，那就是秦国的不是了。臣认为不如把璧送给秦国，让秦国担不是。臣愿意带和氏璧去秦国，如果秦王不给我们城池，我一定把璧再带回来。"赵王听了，便派蔺相如带着和氏璧到秦国去了。

　　蔺相如到了秦国，秦王接过和氏璧，玩赏不已，不想割给赵国十五座城池。蔺相如急中生智，让随从人员带着璧从小路回到赵国，自己则留在秦国。秦王见蔺相如为人精明强干，不仅没有杀他，反而放他回了赵国。赵王嘉奖蔺相如，任命他为上大夫。

　　周赧王三十六年（公元前 279 年），秦王派使者对赵王说："寡君愿与大王在渑池相会，促进两国友谊。"赵王不想前去，蔺相如和将军廉颇商量说："大王如果不去，显得我们赵国太软弱了。"赵王听了，决定前去赴会，由蔺相如陪伴。廉颇送赵王一行到边境，对赵王说："大王此去，

蔺相如像

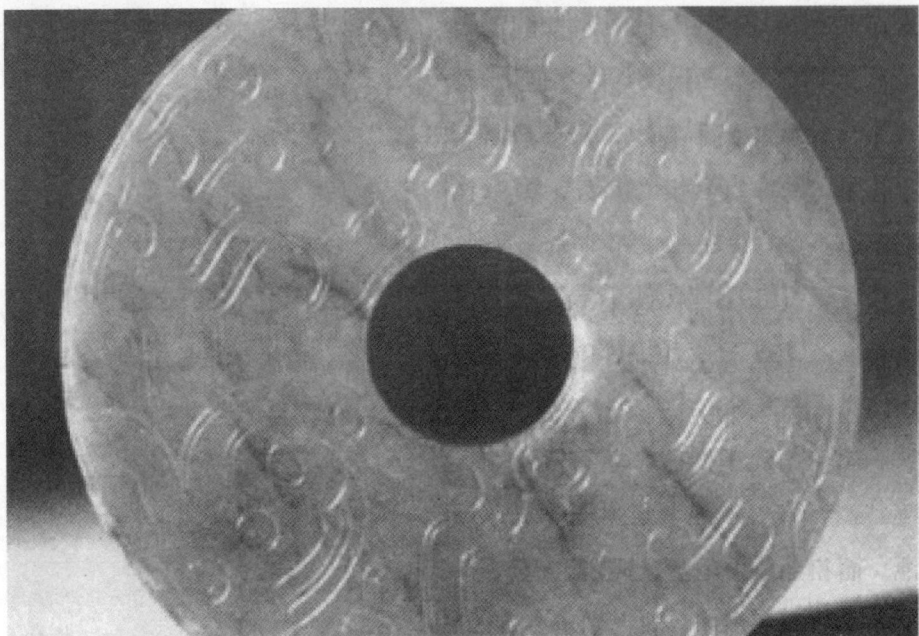

和氏璧

往返不会超过三十天。如果三十天不见大王回来，请允许我立太子为王，免得秦王耍花招。"赵王同意了。在渑池会上，秦王与赵王饮酒。喝到酒酣耳热时，秦王请赵王弹瑟，赵王弹了。秦王让史官记下"赵王为秦王鼓瑟"，借以羞辱赵王。蔺相如见了，灵机一动，站起来请秦王击缶，秦王不肯击。蔺相如说："大王如果不击，五步之内，我可要用颈血溅大王了。"秦王左右的人听了这话，都想上前杀了蔺相如。蔺相如怒目大喝一声，把他们都吓退了。秦王心中恐惧，只得勉强击了一下缶。蔺相如也让赵国的史官记下"秦王为赵王击缶"。直到散会，秦王始终不能羞辱赵王。赵国戒备森严，秦王因而不敢动武。赵王归国后，嘉奖蔺相如，任命他为上卿，位在廉颇之上。

廉颇不满，说："我为大将，不是攻城，就是野战，战功累累。蔺相如出身贫贱，靠着嘴皮子竟爬到了我的上边，我感到羞耻，没脸在他下边为官。"他扬言说："我见到蔺相如时，一定要羞辱他一番。"蔺相如听说后，再也不肯和他见面。每次上朝时，蔺相如总是称病不出。出门遇见廉颇时，蔺相如总是命令车子躲开。为此，蔺相如的门人都深以为耻。蔺相如问他们说："你们看，廉颇有秦王厉害吗？"门人回答说："当然没有。"蔺相如说："秦王那样威武，我尚且敢呵斥他，还羞辱了他的大臣，我怎会怕廉将军呢？但秦国之所以不敢攻打赵国，是因为有我和廉将军在啊。两虎相斗，必有一伤。我之所以一再忍让，是先国家而后私仇，不想和他斗罢了。"不久，这些话传到了廉颇的耳朵里。他见蔺相如能以大局为重，自己感到很羞愧，忙光着上身，背着荆条，到蔺相如门前请罪，意思是说我错了，你用荆条责打我吧。蔺相如忙将他请到屋里，两人结为

负荆请罪雕塑

刎颈之交。人称此事为"将相和"。

廉颇死后，秦王出兵攻打赵国，赵王派太子郚到秦国去做人质，让蔺相如陪侍太子。

为了国家安危，蔺相如欣然前往，而太子却犹豫不决。蔺相如对太子说："骊山乃天下绝胜之处。民谚说：'要吃粮，有个面张岭；要吃油，有个沈河川；要用钱，还有大、小二金山；还有一个上天梯，上到天上还嫌低。'太子，随老臣去吧。"太子一听这话，也欣然前往了。面张岭、沈河川和大小金山都是临潼的地名。

到秦国后，蔺相如偕太子游骊山时，不料太子竟患急症而死。

蔺相如因此获罪，被处极刑，葬于骊山戏河之滨。

赵太子郚也葬于骊山阴坡，名"赵太子墓"，当地人称之为"龙骨堆"，至今犹在。

蔺相如家族受到株连，为了避难，族人将"蔺"字去头挖心，改姓"门"，祖祖辈辈居住在蔺相如墓的西北处，人称门家村。

至今，门家村人仍尊蔺相如为祖先，每年都到蔺相如墓上扫墓祭奠。

董仲舒墓文物保护碑

（三）董仲舒墓

董仲舒墓坐落在西安南城墙东段内侧，即和平门内西侧紧贴城墙的小巷"下马陵街"中。

下马陵街东至和平门，西通碑林博物馆，这条街偏东北侧就是董仲舒墓所在地。

董仲舒墓也叫下马陵，因为当年汉武帝每次路过董仲舒墓前都要下马以示敬意。下马陵街则因下马陵而得名。

那里有个铁栏环绕、绿树茂密、占地 4.5 亩的方形花园。从南侧穿过古朴的青砖门楼，再走过一段甬道，便到了董子祠大门前。

董子祠门楣悬有"繁露艺苑"四个篆字横匾，祠后紧连着董仲舒墓。

董仲舒祠墓

董仲舒墓封土高约 2.5 米，直径约有 6 米，由砖砌方形花墙环绕。

墓碑有玻璃夹护，正面大字为"汉董仲舒先生墓"，小字为"大明嘉靖廿七年岁在戊申"，碑的背面隐约可见"后学太乙张光宇书"八个字。

董仲舒墓后数米处是一座六角凉亭，亭东西两侧各有一棵柏树。整座陵园中静静的，虽居闹市之中却显得很清幽。

当年，隋文帝建大兴城和唐高祖建长安城时，都把"下马陵"留在京城内。

建国后，陕西省人民政府于 1956 年 8 月 6

日将董仲舒祠墓公布为陕西省第一批重点文物保护单位。

1987年，陕西省拨款修葺董仲舒祠墓。

1989年，陕西省为董仲舒陵园增建了门楼。

董仲舒（公元前179—公元前104年）是汉代思想家、哲学家、政治家、教育家。

汉景帝时，董仲舒入朝担任博士，讲授《公羊春秋》。

汉武帝元光元年（公元前134年），董仲舒在著名的《举贤良对策》中提出其哲学体系的基本要点，并建议"罢黜百家，独尊儒术"，为汉武帝所采纳，开此后两千余年

《公羊春秋传》

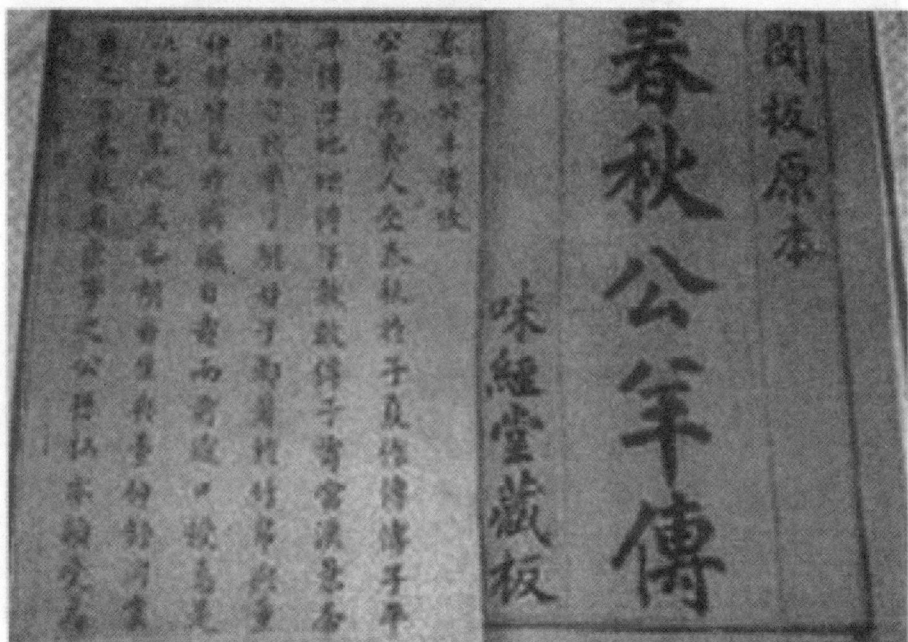

封建社会以儒学为正统的先声。

后来，董仲舒不满官场倾轧之风，辞官居家。

晚年，董仲舒迁居茂陵（今陕西兴平），讲学著书。

朝廷每有大事，便令使者及廷尉到他家中求教，董仲舒仍受武帝尊重。

董仲舒著有《春秋繁露》和《董子文集》。

董仲舒将周代以来的宗教天道观和阴阳五行学说结合起来，吸收法家、道家、阴阳家思想，建立了一个新的思想体系，成为汉代的官方统治哲学，对当时社会所提出的一系列哲学、

董仲舒庙

政治、社会、历史问题都给了较为系统的回答。

董仲舒认为"道之大原出于天"，自然和人事都受制于天命，因此反映天命的政治秩序和政治思想都应该是统一的。他把儒家的伦理思想概括为"三纲五常"。

董仲舒提出了大一统学说，为国家和民族的统一作出了巨大贡献。

（四）蔡文姬墓

蔡文姬墓位于西安市蓝田县三里镇乡蔡王庄村西北。

1991年，这里建立了蔡文姬纪念馆，馆内陈列着蔡文姬所著琴曲歌辞《胡笳十八拍》和《悲愤诗》。

西安蓝田蔡文姬墓

蔡文姬是东汉大儒蔡邕的女儿，博学多才，音乐天赋过人。

6岁时，有一天听父亲在大厅中弹琴，蔡文姬隔着墙壁就听出了父亲把第一根弦弹断的声音。蔡邕大惊，又故意将第四根弦弄断，居然又被她听出来了。于是，蔡邕悉心教她琴曲。不久，她便精通古曲，琴艺超人，远近闻名。

16岁时，蔡文姬嫁给大学子卫仲道，

夫妻十分恩爱。可惜不到一年，卫仲道竟因咯血而死，蔡文姬还不曾生下一儿半女。

卫家认为蔡文姬克死了丈夫，蔡文姬一怒之下，不顾父亲的反对，毅然回到娘家。

东汉末年，战乱频繁。后来，蔡邕因董卓当权时未辞官，被大司徒王允所杀，蔡文姬不幸被匈奴掠去。这年，她23岁，被左贤王纳为王妃。

蔡文姬在匈奴生活12年，生了两个孩子。

蔡邕生前和曹操是极要好的朋友，曹操得知蔡文姬流落南匈奴后，立即派使者携带黄金一千两，白璧一双，把她赎了回来。

这年，蔡文姬已经35岁了。在曹操的安排下，

蔡文姬塑像

蔡文姬嫁给了屯田校尉董祀。

蔡文姬嫁给董祀后，夫妻生活并不是十分和谐。这时，蔡文姬饱经离乱，精神恍惚。董祀正值春秋鼎盛，一表人才，通晓经史，熟谙音律，自视极高，对于蔡文姬自然意有未足，但迫于丞相授意，只好委曲求全。

在婚后第二年，董祀犯了罪，按律当死。蔡文姬闻讯后，立即蓬首跣足来到丞相府为之求情。曹操念及昔日与蔡邕的交情，又想到蔡文姬身世悲惨，倘若处死董祀，蔡文姬势难活下去，于是宽恕了董祀。

西安蓝田蔡文姬墓

董祀感激蔡文姬救命之恩，便同她溯洛水而上，隐居在风景秀丽的山林里。后来，曹操狩猎经过那里，曾特意去探视他们。

当初，蔡文姬为董祀求情时，曹操见她在寒冬蓬首跣足，心中大为不忍，命人拿出头巾和鞋袜给她，让她在董祀未归之前暂时住在相府里。

在一次闲谈中，曹操表示很羡慕蔡文姬家中有那么多藏书。蔡文姬说："原来家中藏书有四千多卷，不幸几经战乱，已全部遗失了。"曹操听了，大为失望，蔡

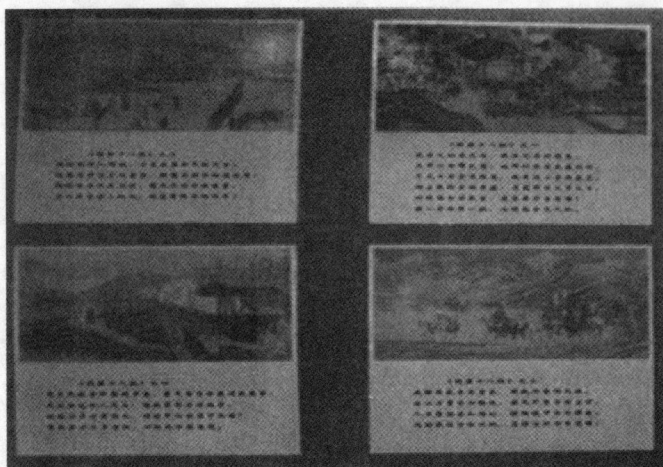

蔡文姬作品展

文姬忙说："丞相不要伤心，我还能背出四百篇呢。"曹操一听此言，大喜过望。于是，蔡文姬凭记忆默写出四百篇文章，一字不误。曹操看了，惊讶不已，深赞蔡文姬之才。

蔡文姬在匈奴时日夜思念故土，回中原后又日夜思念留在匈奴的两个孩子。于是，她参考胡人声调，结合自己的悲惨经历，创作了沉痛哀怨、令人断肠的长赋《胡笳十八拍》。

嫁给董祀后，她感伤乱离，又作了中国诗歌史上第一首自传体的五言长篇叙事诗——《悲愤诗》。

上述两篇作品文情俱佳，在中国文学史上占有很重要的地位。

现在，蔡文姬墓已被定为陕西省重点文物保护单位。

四、名胜古迹

西安古城墙

（一）古城墙

西安古城墙全长 13.912 公里，高 12 米，底宽 18 米，顶宽 15 米。其中南城墙长 4256 米，西城墙长 2706 米，东城墙长 2886 米，北城墙长 4262 米。

古城墙包括护城河、吊桥、谯楼、箭楼、正楼、角楼、敌楼、女儿墙、垛口等一系列设施，构成了一座严密完整的城堡。

隋文帝开皇二年（582 年），隋文帝下令修建宫城和皇城，接着营筑外城。

唐朝建立后，仍以隋朝的大兴城为首都，改大兴城为长安城，先后修建了唐城外部城墙和东、西、南三面的九座城门及城楼。

唐城是当时世界上最大的都城，成为世界文明的中心。

唐末黄巢起义时，朱温叛变降唐，迫使唐昭宗迁都洛阳。迁都时，朱温拆毁了长安宫室，拆下的木料由渭河和黄河顺水而下，运到洛阳，遂使唐城沦为废墟。

不久，唐朝驻守长安的节度使韩建筹资修建长安城，以皇城墙为新的长安城墙。

明朝建立后，明太祖朱元璋封其次子朱樉为秦王，镇守长安，改长安为"西安"。

明太祖洪武三年（1370 年），宋国公冯胜主持修复西安城。他在隋唐皇城墙的基

西安城东门

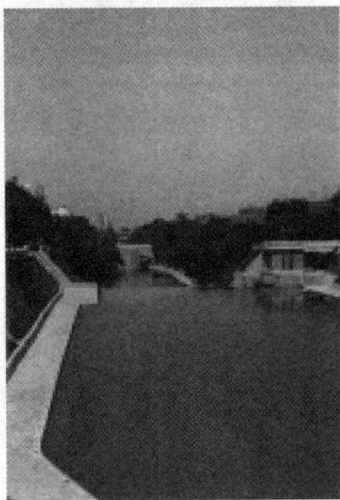
护城河为第一道防线

础上加高加厚，并分别向东、向北延长四分之一，东城墙和北城墙则拆除另建。

明穆宗隆庆二年（1568年），陕西都指挥使张祉为原来的明城墙内外包砌了青砖。

清高宗乾隆四十六年（1781年），陕西巡抚毕沅整修西安城楼，增砌包砖，并完善了排水系统。

至此，西安古城墙才有了今日的规模。

西安古城墙是用黄土分层夯筑的。最底层用石灰、土与糯米汁混合夯打，坚硬如铁。

西安古城墙是为防御外来侵袭而修造的自卫设施，因此防御性很强。

城外护城河为第一道防线，河上设有吊桥，是进出西安的唯一通道。吊桥白天降下，连起护城河两岸，供人出入。晚上吊桥升到空中，断绝了进出西安城的道路。

城门外设有谯楼，用以打更和报警，这是第二道防线。

谯楼后面是箭楼，高30余米，外面墙体笔直，箭孔密布，便于瞭望和射击，这是第三道防线。

箭楼和正楼之间是瓮城，面积9348平方米，若敌人攻进此处，即可瓮中捉鳖，这是第四道防线。

第五道防线是正城门，设防严密。城墙四角修有角楼，辅助城门，以观察和防御四面来犯之敌。

城墙外侧每隔120米筑有一座马面，也叫墩楼。马面宽20米，从城墙向外伸出12米，高低、结构和城墙相同。每个马面上建有可供军队驻守的敌楼3间。

西安城共有马面98座，垛口5984个，使城墙外侧呈锯齿形。

城墙和马面上筑有女儿墙，墙上有既能藏身又能瞭望和射击的凹口和方孔。

西安城墙对研究封建社会的城市建设、历史、军事和建筑艺术都有着很高的文物价值。

1983年以来，经过大规模整修的西安城墙已经恢复了宏伟、壮观的风貌，建成了全国仅有的"环城公园"。

环城公园使古老的城墙又焕发了青春，为了解古代战争提供了珍贵的人文景观。环城公园风格古朴粗犷，具有浓郁的地方特色。

（二）钟鼓楼

钟鼓楼位于西安市中心，钟鼓两楼东

西安古城街景

西安钟楼

西对峙。

钟楼初建于明太祖洪武十七年（1384年），原址在西大街广济街口，明神宗万历十年（1582年）重修时移建于今址。

钟楼共有3层，楼基面积达1377.64平方米，有门洞通向四街。基座为正方形，高8.6米，宽约35.5米，用青砖砌筑。

钟楼由地面至楼顶高36米，内有楼梯，可盘旋而上，登楼远眺。

钟楼原来悬挂的巨钟是唐代铸造的"景云钟"，迁到今址后再也敲不响了，只好另换一口明代铁钟，重5吨，钟边铸有八卦图案。

钟楼的门扇槅窗上雕有好多典故逸闻：第一层东门自北向南依次为"长生殿盟誓""连环计""黠鼠夜扰""挂角读书""卞庄刺虎""嫦娥奔月""东坡题壁""李白邀月"；第一层西门自南向北依次为"枕戈待旦""李陵兵困""由基射猿""龙友颂鸡""黄耳传书""孙期放豚""陶侃运砖"；第一层南门自东向西依次为"文王访贤""伯牙鼓琴""画龙点睛""斩蛇起兵""伯乐相马""柳毅传书""舜耕历山""圯桥授书"；第一层北门自西向东依次为"虬髯客""木兰从军""文姬归汉""吹箫引凤""红叶题诗""班昭读书""博浪沙椎秦""唱筹量沙"；第二层东门自北向南依次为"单刀赴会""击鼓金山""岳母刺字""孟

西安钟楼

母择邻""子路负米""画荻教子""温峤绝裾""闻鸡起舞";第二层西门自南向北依次是"写经换鹅""茂叔爱莲""灞桥折柳""踏雪寻梅""陶潜爱菊""寻隐不遇""孤山放鹤";第二层南门自东向西是八幅"八仙过海，各显神通"的画面，依次为钟离权、张果老、吕洞宾、曹国舅、铁拐李、蓝采和、韩湘子和何仙姑；第二层北门自西向东是八幅"八仙醉酒"画面，依次仍为钟离权、张果老、吕洞宾、曹国舅、铁拐李、蓝采和、韩湘子和何仙姑。

钟楼体现了我国古代人民的高超智慧，楼上琉璃瓦的板瓦之间扣以筒瓦，以铜质瓦钉固定，使建筑稳固结实。外部的重檐三滴水歇山顶式不仅形制美观，而且缓和了雨水顺檐下落时对建筑的冲击。描梁端部的斗拱巧妙地运用了力学原理，形成均匀负荷。四角攒尖的楼顶按对角线构筑四条垂脊，从檐角到楼顶渐收，使金顶显得稳重庄严。

鼓楼与钟楼隔广场东西相望，鼓楼建于明太祖洪武十三年（1380年），比钟楼早建四年，迄今已有六百多年的历史了。鼓楼与钟楼为姐妹楼，古有"暮鼓晨钟"之说。

鼓楼为重檐三滴水与歇山顶的木结构，

西安鼓楼

高大雄伟。楼上原有巨鼓一面，傍晚击鼓报时，故名鼓楼。当年楼檐下悬挂巨匾，南为"文武盛地"，北为"声闻于天"。

鼓楼高7.7米，基座东西长52.6米，南北宽38米，占地1998.8平方米，大于钟楼的台基。台基下辟有南北向券洞式门，与西大街和北院门街一线贯通。

鼓楼主体建筑立于基座的中心，为梁架式木质楼阁建筑，面阔七间，进深三间，四周设有回廊。

鼓楼分上下两层。第一层楼身上置腰檐和平座，第二层楼为重檐歇山顶，上覆灰瓦。楼的外檐和平座都装饰青绿彩绘斗拱，使楼的整体显得层次分明，花团锦簇。由登台的踏步可上至台基的平面，一层楼的西侧有木梯，可登至二层凭栏眺望终南山。

鼓楼悬挂了六百多年的巨匾后来不幸被毁。两匾均长8米，宽3.6米，为蓝底金字木匾。2004年后，西安古建人员和书法家通力合作，模仿原匾照片上的文字重新制作了两块匾，挂上了鼓楼。

钟鼓楼现为全国重点文物保护单位。

西安鼓楼

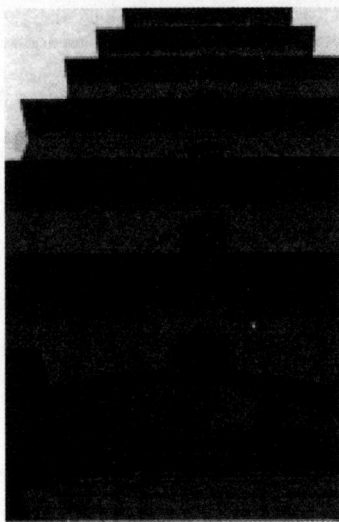

西安大雁塔

（三）大雁塔

大雁塔坐落于慈恩寺内。

慈恩寺建于唐贞观二十二年（648年），是太子李治为纪念亡母文德皇后而修建的。建成后，请赴印度取经回国的高僧玄奘主持寺务。

唐高宗永徽三年（652年），玄奘在寺内西院建塔，用以存放从印度带回来的佛经。

据《慈恩寺三藏法师传》记载：摩揭陀国有一古寺，一日有一只大雁摔死在寺中地上。原来，这只大雁是菩萨的化身，菩萨是为了救人才化作大雁，却不幸摔死了。为了纪念普度众生的菩萨，玄奘给寺中新建的佛塔取名大雁塔。

唐代学子考中进士后都要到大雁塔下题名，称为"雁塔题名"，被视为一生中最荣耀的事。这一习俗一直延续到明清。

大雁塔为方塔，砖表土心，五层，后改造为七层方形楼阁式，唐代宗大历年间（766—779年）又改为十层。到明代时，又用砖砌塔为面。

现在的大雁塔高64米，为仿木结构。底层门楣有精美的线刻佛像；西门楣为阿弥

西安大雁塔

陀佛说法图，图中刻有富丽堂皇的殿堂。

塔底层南门内的砖龛里，嵌有两通石碑，一为《大唐三藏圣教序》，一为《大唐三藏圣教序记》，由唐代大书法家褚遂良所书。

大雁塔在唐代就是著名的游览胜地，今天的大雁塔已成为古城西安的标志性建筑。

1961 年，国务院将大雁塔定为第一批全国重点文物保护单位。

（四）小雁塔

小雁塔位于西安市南门外荐福寺内，始建于唐中宗景龙元年（707 年），为密檐式砖塔，是为了存放唐代高僧义净从天竺带回来的佛

西安小雁塔

经而建的。

　　小雁塔与位于西安南郊大慈恩寺内的大雁塔是唐代长安城保留至今的两处标志性建筑。小雁塔与大雁塔相距六里，因规模较小，故称小雁塔。

　　明宪宗成化二十三年（1487年），西安地区发生地震，小雁塔塔身被震裂。

　　小雁塔原有15层，明世宗嘉靖三十四年（1555年）地震时，塔顶2层被震毁，现存13层。

　　清朝时，荐福寺曾多次修缮，其中以清圣祖康熙三十一年（1692年）的整修规模最大。晚清时期，增建了藏经楼和南山门等。

西安大雁塔

1958年开始，国家对荐福寺和小雁塔曾多次修复，本着修旧如旧的原则，基本保持了古建筑的原貌。

1961年，国务院将小雁塔定为第一批全国重点文物保护单位。

（五）碑林

西安碑林位于南城墙魁星楼下，因石碑众多如林而立，故称碑林。

碑林始建于北宋哲宗元祐二年（1087年），是为保存唐开元年间（713—741年）镌刻的《十三经》《石台孝经》而建的。这是收藏我国古代碑石时间最早、名碑最多的艺术宝库。

西安碑林

后来，历代不断收集，规模逐渐扩大，到清朝时始称"碑林"。

1992 年，国家将碑林正式定名为西安碑林博物馆，在西安孔庙旧址上扩建而成，是一座以收藏、研究和陈列历代碑石、墓志及石刻造像为主的艺术博物馆。

博物馆区占地面积三万多平方米，由孔庙、碑林、石刻艺术室三部分组成，设七个陈列室、六条游廊和一个碑亭。

馆内藏有铸造于唐睿宗景云年间（710—711年）、号称"天下第一名钟"的景云钟，钟上刻有各种纹饰图案，雕工精湛，形象生动，上有唐睿宗亲笔书写的铭文。

景云钟声音洪亮，我国每年除夕由中央人民

广播电台播放的新年钟声就是用景云钟录制的。

第一陈列室前是专为陈列《石台孝经》修盖的碑亭。《石台孝经》是碑林中最大的石碑，是唐玄宗亲自书写的。石碑前面是唐玄宗为孝经作的序，后面是孝经原文，小字是唐玄宗为孝经作的注释。

此碑由四块石头组成，底下有石台，故称"石台孝经"。

陈列室里主要陈列《开成石经》，内容包括《周易》《尚书》《诗经》《周礼》《仪礼》《礼记》《春秋左氏传》《春秋公羊传》《春秋穀梁传》《论语》《孝经》《尔雅》等 12 部经书，共计六万多字，用石 114 方，两面刻文。清代补刻的《孟子》17 面三万余字也陈列于此，因而合称《十三经》。

《石台孝经》

经书是封建社会知识分子的必读书，因为当时印刷术不是很发达，为了避免传抄经书时出现错误，因此就把这些经书刻在石碑上作为范本，立于国子监内供人校对。

我国自东汉开始，曾先后七次刻经。《开成石经》是目前仅存的一套完整的石刻经书。

《大唐三藏圣教序碑》

碑林不仅是中国古代文化典籍的集中点，也是历代书法大师书法艺术的荟萃之地。碑林集中了许多我国古代杰出书法家的传世名作，如东汉的《曹全碑》、欧阳询的《皇甫诞碑》、褚遂良的《同州圣教序碑》、颜真卿的《多宝塔碑》、柳公权的《大达法师玄秘塔碑》等。

碑林最著名的书法碑是由唐弘福寺和尚怀仁集王羲之墨迹中的字组成的《大唐三藏圣教序碑》和怀素的《草书千字文》。

西安碑林已有九百多年的历史，现有馆藏文物一万一千多件。

碑林博物馆拥有如此浩瀚的藏品，所以被誉为"东方文化的宝库""书法艺术的渊薮"，已被列为国家4A级旅游景点。

五、庙宇寺观

西安草堂寺

佛教于东汉明帝永平十年（67年）传入西安，至今已有一千九百多年的历史了。西安现有佛寺一百多座，僧尼合计七百多人，信教群众达八万多人。

在中国和东南亚影响深远的佛教八大宗中，有六个宗的祖庭在西安市。其中三论宗祖庭是草堂寺，密宗祖庭是大兴善寺，华严宗祖庭是华严寺，法相宗祖庭是大慈恩寺，律宗祖庭是净业寺，净土宗祖庭是香积寺。

道教是我国土生土长的宗教，产生于东汉顺帝时期（126—144年），距今已有一千八百多年的历史了。

西安市现有道教宫观27所，道教职业人员二百多人，信教群众达五万多人。影响较大的宫观有周至县的楼观台、西安的八仙宫、户县的重阳宫。

伊斯兰教于唐高宗永徽二年（651年）传入西安，至今已有一千三百多年的历史了。

西安市现有清真寺21所，其中影响较大的寺院有化觉巷清真寺、大学巷清真寺。

（一）草堂寺

草堂寺位于西安市户县圭峰山北麓，东

临沣水，南对终南山，景色秀丽，是国务院确立的汉族地区佛教全国重点寺院。

该寺建于距今一千五百多年的东晋末年，不仅是著名古刹，也是三论宗的祖庭。

龟兹高僧——大翻译家鸠摩罗什(343—413年)被后秦国王姚兴迎至长安后，即住此寺译经。因其以草苫寺顶，故名草堂寺。

草堂寺现有大殿三间及鸠摩罗什舍利塔等。

鸠摩罗什既通梵语，又懂汉文，佛学造诣极深，所译经律论传94部，共425卷，是中国佛教史上四大译师之一。

鸠摩罗什首次将印度大乘佛教的般若类

草堂寺不仅是著名古刹，也是三论宗的祖庭

逍遥三藏殿正中供奉着明代施金泥塑如来佛像

经典全部译出，对中国佛学发展起了重要的作用。隋唐高僧吉藏以鸠摩罗什译出的《中论》《百论》《十二门》三部佛经为依据创立了三论宗，尊鸠摩罗什为始祖，草堂寺因而成为三论宗的祖庭。

草堂寺现存最大殿堂是逍遥三藏殿，殿内正中供奉明代施金泥塑的如来佛像。佛像前安放着日本日莲宗奉送的鸠摩罗什坐像，高1.2米，用一整块楠木刻成，慧眼一双，笑容满面，栩栩如生。

大殿西侧门外有一座用红砖花墙围成的六角形护塔亭，亭内矗立着草堂寺最珍贵的文物——"姚秦三藏法师鸠摩罗什舍利塔"。

鸠摩罗什父亲是印度人，母亲是龟兹人，7岁随母亲出家，佛典过目不忘，人称"神童"。因他通晓经藏、律藏、论藏，所以被尊为"三藏法师"。

鸠摩罗什圆寂后火化时，舌头不毁，其弟子特建舍利塔以藏之。此塔通高约2.44米，塔身八面十二层，用纯玉石镶拼而成。每层玉色不同，有玉白、砖青、墨黑、乳黄、淡红、浅蓝、赭紫及灰色等，故称"八宝玉石塔"。

草堂寺有僧人十多名，农禅并重。他们在念经之余种了28亩地，植了竹林，培育了花圃，既美化了寺院环境，又实现了自养。四海信徒来访时，都对他们致以深深的敬意。

（二）大兴善寺

大兴善寺位于西安城南小寨兴善寺西街，始建于晋武帝司马炎太始至太康年间（265—289年），距今已有一千七百余年的历史了。

隋唐时长安佛教盛行，由印度来长安传教及留学的僧侣曾在此寺翻译佛经，大兴善寺因此成为当时长安的三大译场之一。

唐玄宗开元四年至八年（716—720年），号称"开元三大士"的印度僧人善无畏、金刚智和不空到大兴善寺传授佛教密宗，大兴善寺因而成为中国佛教密宗的发源地。

不空和尚曾在印度广求密宗经典，成为集各家之长的一代宗师。

不空在大兴善寺主持译务，翻译佛经五百余部。他还在京师一带广泛收集各寺收藏的梵文佛经，集中收藏并加以研究，对整理佛经和弘扬佛法作出了不可磨灭的

西安大兴善寺

贡献。

不空曾为大唐皇帝举行灌顶仪式，被封为开府仪同三司、肃国公，人称三代国师。

不空死后，谥号为"大辩证广智不空藏和尚"。皇帝赐钱万贯，还在寺内修建了不空舍利塔。不空和尚碑至今仍保存在碑林中。

寺院建筑沿正南正北方向呈一字形排列在中轴线上，依次是天王殿，内供弥勒菩萨；大雄宝殿，内供释迦牟尼佛、阿弥陀佛、药师佛、十八罗汉以及地藏菩萨；观音殿，内供明雕檀香千手千眼菩萨一尊。

最后是东西禅堂：西禅堂壁间的大镜框内装有"开元三大士传略"，是研究大兴善寺的宝贵资料；后殿为大兴善寺的法堂，藏有唐代铜佛像和宋代造像，形态各异，栩栩如生。

大兴善寺是一座具有中外影响的古刹，1983 年被国务院列为全国重点开放寺院之一。

穿过大雄宝殿，汉白玉台上站立着慈祥、庄严的平安地藏菩萨青铜塑像，是日本国真言宗空海大师同志会为体现日本真言宗信徒缅怀祖庭，增进中日友好而赠送的。

大兴善寺汉白玉台上立着慈祥、庄严的平安地 藏菩萨青铜塑像

（三）华严寺

华严寺是中国佛教华严宗的祖庭，位于西安市南少陵原，居高临下，俯瞰樊川。

华严寺由初建到以后数百年间，并无高大殿堂建筑，只是凿原为窟，安置佛像并供僧众居住。华严寺是黄土高原上一座典型的窟洞寺院。

华严寺如今仅存有杜顺和澄观两座砖塔

这里曾有华严宗初祖杜顺塔、二祖智俨塔、三祖贤首塔、四祖澄观塔。

清高宗乾隆年间（1736—1795 年），少陵原崩塌，仅存杜顺塔和澄观塔两座砖塔，其余两座全毁了。

杜顺的灵骨塔高约二十一米，呈方形角锥体，共七层，为仿木结构楼阁式砖塔。

杜顺 18 岁出家，一生有不少为人治病、除害行善的事迹，深受世人崇敬。唐太宗慕其盛名，引入内宫隆礼相待，后妃、王族奉为生佛。

杜顺钻研华严经，著《华严法界观门》《华严五教止观》，为华严宗初祖。

杜顺圆寂后，一月后肉色不变，一直有异香飘出，弟子筑塔藏之。

四祖澄观灵骨塔高约十七米，呈六角

大方广佛华严经卷第三

此世界海西北方次有世界海名善光照中

有佛刹名意入佛号普门狮巂音

於彼如来大众海中有菩萨名无量华照音

皆为佛光明所开觉已舆世界海微尘数

眷属圆满来诣佛所兴十种一切宝

灵芝阁弥覆充满虚空未来际佛所供养具

灵盖宝十种宝王盖云十种华宝盖云十种

肌盖云十种宝王盖云十种栴宝盖云十种

普宝盖云十种流离宝盖云十种一切香

盖灵芝阁孙覆充满虚空未来际佛所供养具

敖礼讫已在西北方众菩光明幢师子坐上

结跏趺坐此世界海东北方次有世界海名

宝照光明藏中有佛刹名香庄严光胜藏佛

《华严经》全称《大
方广佛华严经》

形，为七层六面砖塔。塔上嵌有"大唐清凉国师妙觉之塔"刻石。

澄观灵骨塔西临原畔，雨水长年冲刷，有倾覆之虞。长安县于1986年将其拆迁，由原址向东南移动十米复原重建。拆迁时在各层塔心发现镏金铜佛像、千佛碑和佛经等。在塔基下还发现两层砖塔，约六米高，为元代残塔。塔心内室藏有石函，石函内是盛舍利的白玉瓶。

澄观俗姓夏侯，11岁出家，遍寻名山，访求秘藏，学习诸宗。

澄观认为华严经的旧疏文繁义约，便下决心要撰写华严新疏。历时四年，功夫不负苦心

华严寺雪景

人，他终于撰写出《大方广佛华严经疏》二十卷，后又作《大方广佛华严经随疏演义钞》数十卷。这两部书合刊为《华严经疏钞》，是《华严经》注疏中最重要的著作，澄观因而获得"华严疏主"的美称。

澄观德高道深，多次奉敕入宫讲经，深得皇帝尊崇，被委任为天下大僧，主持全国佛教。

澄观 103 岁圆寂，历唐玄宗至唐文宗九朝。

澄观的"禅教一致，诸宗融通"的思想对中国佛教有很大的影响。

如今，整修后的华严寺为少陵原增添了不少光彩，吸引了大批游人前来参观。

（四）大慈恩寺

大慈恩寺位于西安市南郊，始建于隋文帝开皇九年（589 年），初名无漏寺。

唐太宗贞观二十二年（648 年），太子李治为纪念亡母文德皇后，报答慈母的养育之恩而在无漏寺的基础上加以扩建，更名大慈恩寺。

大慈恩寺是唐朝长安城内最著名、最壮丽的佛寺，寺内香火缭绕，鲜花吐艳。

大慈恩寺规模宏大，面积近四百亩，有十多个院落，各式房舍 1897 间，有翻经院、太真院、元果院、西塔院、南池、东楼、碑屋、戏场等。

有许多能工巧匠为此寺塑造精美佛像，著名画家吴道子、阎立本挥毫作画，装点殿堂，反映了唐朝的文化风貌。

唐太宗贞观十九年 (645 年)，西天取经满

大慈恩寺是唐朝长安城内最著名、最壮丽的佛寺

载而归的玄奘法师回到长安，奉旨担任大慈恩寺上座，主持翻译佛经，并宣讲唯识宗等佛教教义，使大慈恩寺成为唯识宗的祖庭，唯识宗又称法相宗。

玄奘法师在十九年的时间里译出大量佛经，文义联贯，准确流畅，开辟了中国译经史上的新纪元。

寺内的大雁塔是玄奘法师亲自督造的。唐高宗永徽三年 (652 年)，为了完好地保存从印度带回来的佛经，唐高宗敕令在慈恩寺修建大雁塔。

唐中叶以后，掀起了一股牡丹花热，大慈恩寺牡丹花以"早、新、奇、多"四大特点闻名于世。

大慈恩寺大雁塔前玄奘塑像

西安大慈恩寺匾额

寺僧勤于耕耘，培育出的紫牡丹、白牡丹、浑红牡丹、姚黄牡丹、魏紫牡丹都是花中珍品。每逢春季，这里车水马龙，人们争相观赏寺中牡丹。

唐朝时，日本僧人道昭、智通、智达等先后到大慈恩寺留学，向玄奘法师学习唯识宗。回国后，使唯识宗在日本得到弘扬。日本唯识宗有四个宗派，拥有信徒十二万多人。

1949年后，我国政府多次对大慈恩寺进行整修。

1983年，国务院批准大慈恩寺为佛教活动场所。

（五）净业寺

净业寺位于陕西省长安县终南山北麓凤凰

山上，是国务院确定的汉族地区佛教全国重点寺院之一。

凤凰山山形如凤，林壑幽深。净业寺地处山腰，坐北朝南，是净心清修的上好道场。

净业寺始建于隋朝末年。唐朝初年，高僧道宣在此修行弘律，因而成为佛教律宗的发祥地。

道宣（596—667年），俗姓钱，自幼聪慧，9岁即能吟诗作赋。15岁出家后，钻研律学，曾在大禅定寺听智首律师讲《四分律》四十遍，历时十年。而后四方参学，最后定居净业寺。此后四十余年，道宣除两次出山参加玄奘法师在长安弘福寺、西明寺组织的译场外，其余时间均在净业寺潜心研究律学，以

西安净业寺

大乘教诠释《四分律》，所著《关中创立戒坛图经》成为后世戒坛之规范，在中国佛教史上占有极其重要的地位。玄奘法师、名医孙思邈与他都有深交。

唐高宗乾封二年（667年）十月三日，道宣圆寂，葬于坛谷石室。唐高宗令天下寺院供奉道宣律师画像，并令名匠韩伯通为其塑像。唐穆宗曾书写赞语道："代有完人，为如来使。龙鬼归降，天神奉侍。声飞五天，辞惊万里。金乌西沉，佛日东举。稽首皈依，肇律宗主。"

道宣门下有弟子千人，著名的有大慈、文纲和文纲的弟子道岸、道宗等，后由道宗的再传弟子鉴真和尚将律学传到日本，成为日本律宗祖师。

西安净业寺石柱华表

落实宗教政策后，政府曾拨款维修净业寺。

少林寺僧人永空住持道场后，四方筹资，重修山路、天王殿、大雄宝殿、祖师殿、禅堂、客堂、僧寮，增建五观堂等，使这座千年古刹面貌为之一新。

（六）香积寺

香积寺坐落在西安市长安区郭杜镇香积寺村，是国务院确定的汉族地区佛教全国重点寺院之一，也是中国净土宗祖庭。

唐高宗永隆二年（681年），净土宗创始人之一善导大师圆寂，弟子怀恽为纪念其功德，特地修建了香积寺和善导大师供养塔。从此，香积寺成为中国佛教净土宗正式创立后的第一个道场。

香积寺内的供养塔是一座唐代建造的善导塔，青砖砌成，壁厚 2 米，平面正方形，为仿木结构。因年久残毁，现存 11 级，高 33 米。

塔身周围有 12 尊半裸古佛，雕刻精巧，被世人奉为珍品。

塔基四面有门，南门楣额上嵌有砖刻的"涅槃盛事"横额。塔身四面刻有楷书《金刚经》，字迹秀雅，笔力遒劲，引人注目。

唐朝时，武则天和唐高宗都曾来此礼佛，并赐珍宝给香积寺。善导在长安拥有众多信徒，这里又供奉着皇帝赐给的法器、舍利子，因此前来拜佛的人络绎不绝，香火盛极一时。

唐朝"安史之乱"和唐武宗灭佛时，香积寺遭到严重破坏。

宋朝时，净土宗流行，香积寺又得到修复。明朝时，又进行了大规模的修复。

寺内保存有许多金石文物，仅历代雕刻就有 119 件。

建国后，香积寺得到大规模整修。

净土宗于东晋时由天竺传到中国，开祖于庐山高僧慧远。

西安香积寺

慧远和十八位贤士共结莲社，又称白莲社，同修净土，故净土宗也称"莲宗"或"白莲宗"。

净土宗继续盛行于北魏，至唐朝善导大师集其大成，蔚然成宗，因此佛界认为净土宗的实际创宗者是善导，尊他为二祖。

净土宗提倡专念阿弥陀佛即可往生西方净土。"阿弥陀佛"是梵语，意为无量光明，无量寿命，无量智德，无量智慧等。

唐代，净土宗得到长足的发展。中唐以后，净土宗广泛流行到社会各阶层。

1980年，在善导大师圆寂纪念日那天，日本净土宗派遣两千余名高僧赴香积寺举行法会，向香积寺赠送善导大师像等礼物，成为中日宗教文化友好交流的盛事。

西安八仙宫

（七）八仙宫

八仙宫位于西安市东关长乐坊，为唐代兴庆宫遗址。

清德宗光绪二十六年（1900年）庚子之乱时，慈禧太后携光绪皇帝逃至西安。在西安期间，慈禧经常到八仙庵，借烧香拜神排遣心中的郁闷。

当年，庵中西花园的一丛绿牡丹令慈

禧赏心悦目，她特地画了一幅牡丹中堂赐给八仙庵。八仙庵方丈李宗阳极受慈禧恩宠，被封为玉冠紫袍真人，并赏银千两，用以增建庙宇。

慈禧回銮后，敕封八仙庵为八仙宫，从此八仙庵升格为八仙宫。

中华人民共和国成立后，人民政府于1958年曾拨专款对八仙宫进行维修。

八仙宫坐北朝南，总建筑面积8200多平方米，基本保持明清时候的格局。宫观内分中庭和东西两院。

中庭部分由前至后依次为大照壁、牌坊、商场、山门、灵官殿、八仙殿、斗姥殿。中庭部分同东西两院之间有碑廊、厢房相隔。

东院建筑为吕祖殿、药王殿、太白殿、厨房院、生活院。

西院建筑为邱祖殿、监院寮、云隐堂、市道协办公院。

整个建筑群布局严谨有序，庄严肃穆。

八仙宫的主殿为八仙殿，殿门上有光绪皇帝御书匾额。

八仙殿内正中供奉东华帝君，两旁的钟离权、铁拐李、吕洞宾、曹国舅、韩湘子、蓝采和、张果老、何仙姑八位仙人塑像，神

八仙宫是唐代兴庆宫遗址的一部分

态各异，栩栩如生。

宫内院落雅洁，环境清幽，花草飘香，古木参天。

农历每月初一和十五日是八仙宫传统的开放日，届时前来进香朝拜的善男信女及中外游客成千上万，香火缭绕，磬声不绝。

八仙宫已被国务院定为全国重点宫观之一。

八仙宫院落雅洁，环境清幽

（八）重阳宫

重阳宫是全真道祖庭，又称为重阳万寿宫、祖庵，位于西安市户县祖庵镇。

重阳宫是全真道祖师王重阳早年修道和死后葬骨之地。

王重阳主张儒、释、道三教合一，以"三教圆通，识心见性，独全其真"为宗旨，故名其教为全真教。

元代，重阳宫在北方道教中影响很大，居全真道三大祖庭之首，山门上方悬挂着元代皇帝御赐的金匾。

元代，重阳宫殿堂建筑共计5048间，东至东甘河，西至西甘河，南至终南山，北至渭河。全真道徒常常云集此宫，最盛

西安重阳宫碑林

时近万人。

明清以后，重阳宫屡遭破坏，逐渐缩小。

1962年，户县人民政府将收集的碑石集中到玉皇殿旧址，成为"祖庵碑林"。

1973年，建房十一间，使碑石得到妥善保护。

祖庵碑林也称祖庵石刻，陈列元代道教石刻文物80余件，大多数为螭首龟趺或方趺，许多碑文由赵孟頫、韩冲、王重阳、尹志平等名家所书，其中一级文物12件。

这些碑石记载着道教全真派的历史、教义、修炼要旨等，分为宗教历史类、书法名碑类、八思巴文类、内丹功法类四种，对于多方位研究元代历史和道教发展史具有重要价值。

其中《大元敕藏御服之碑》《皇元孙真人道行碑》为元代大书法家赵孟頫所书，极为珍贵。

2001年，国务院将重阳宫定为第五批国家重点文物保护单位。

（九）大清真寺

大清真寺位于西安鼓楼西北的化觉巷内，又称化觉巷清真大寺。这座清真寺与西安大学巷清真大寺并称为中国西安最古老的两座清真大寺，因其在大学巷清真寺以东，又称东大寺。

该寺始建于唐玄宗天宝元年（742年），属陕西省重点文物保护单位，1988年又晋升为全国第三批重点文物保护单位。

清真寺是伊斯兰教徒的礼拜寺，是伊斯兰教徒心目中神圣的地方。

这座清真寺坐西朝东，南北宽50米，东西长250米，分四进院落，占地12000平方米，建筑面积4000平方米。

礼拜大殿面阔7间，深9间，面积

西安大清真寺

西安化觉巷清真大寺省心楼

1300 平方米，可容一千人同时礼拜，是一座具有中国古代建筑风格的伊斯兰教寺院。

寺院内有建于 17 世纪初高达 9 米的木结构大牌坊，牌坊琉璃瓦顶，翘角飞檐，精镂细雕，显得富丽堂皇。

化觉巷清真大寺是西安规模最大、最为有名的一座清真寺。寺内院落划分合理，每院各有特色，富有园林之趣，显示了我国劳动人民的创造精神。

礼拜大殿天棚藻井彩绘蔓草花纹，套刻经文六百余幅，四壁镶嵌着大型木板，上雕中、阿文《古兰经》各三十幅，其雕刻艺术在整个伊斯兰世界中实属罕见，堪称珍品。

这座清真寺的建筑形式巧夺天工，将中国传统建筑风格和伊斯兰建筑艺术完美地结合在一起，令人叹为观止，因而被联合国教科文组织列为世界伊斯兰文物之一。

（十）大学巷清真寺

大学巷清真寺位于大学巷路西，因地处化觉巷清真寺之西，又称西大寺。该寺创建于唐中宗神龙元年（705 年），是西安最古老的清真寺之一。

大学巷清真寺建筑形式略同化觉巷清真寺，唯规模较小。

寺内亭、台、殿、阁布局得当，寺门对面有砖雕纹饰大照壁一座，门外临街有四柱三间

西安大学巷清真寺影壁

庙宇寺观

西安大学巷清真寺一景

石牌坊。

省心阁是该寺主要建筑之一，相传建于宋代。

明成祖永乐十二年（1414 年），郑和第四次出使西洋，曾到该寺邀请掌教哈三随同前往，担任翻译。

郑和四下西洋归来后，曾捐资重建该寺。

省心阁后面是南北碑亭，南碑亭内是著名的"郑和碑"，即《重修清净寺碑》。

大殿前为一宽大月台，周围环以石栏。

大殿门首悬挂慈禧手书"派衍天方"牌匾。殿内前中上方写有古兰经原文，右边是阿訇演讲台。

大殿面积 500 多平方米，可容纳 500 人同时做礼拜，墙壁四周有花草图案，套刻《古兰经》和阿拉伯文。

整座寺院庄严肃穆，紧凑和谐。

东大寺和西大寺十分有名，一直是西安地区伊斯兰教的活动中心。